LA NOUVELLE
CAMPAGNE THÉATRALE

1869 — 1870

PAR

CHARLES TERNISIEN

~~~~~

Prix : 15 Centimes.

BOULOGNE-SUR-MER

TYPOGRAPHIE & LITHOGRAPHIE E. MAGNIER

63, RUE NEUVE-CHAUSSÉE, 63

—

Août 1869.

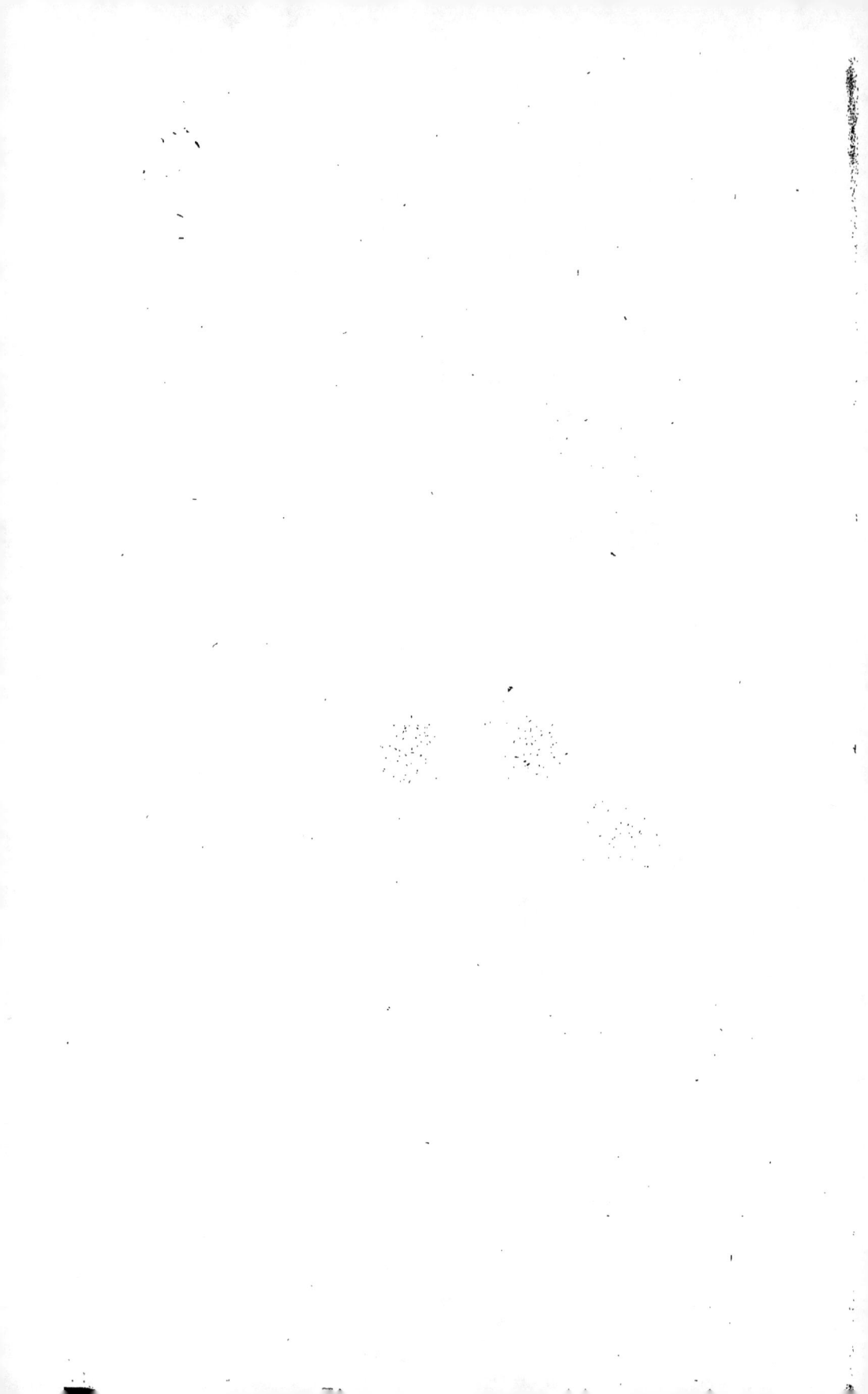

LA NOUVELLE
CAMPAGNE THÉATRALE

1869 — 1870

PAR

CHARLES TERNISIEN

AU PUBLIC BOULONNAIS

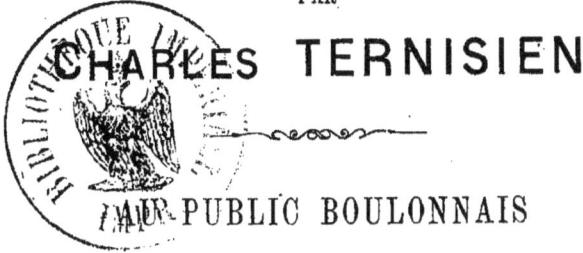

Monsieur le Public,

Je vous offre quelques réflexions sur le Théâtre, que je viens de résumer pour vous être présentées.

Daignez les bien accueillir, ça me fera plaisir.

Votre Serviteur,

CHARLES TERNISIEN.

BOULOGNE-SUR-MER
TYPOGRAPHIE & LITHOGRAPHIE E. MAGNIER
63, RUE NEUVE-CHAUSSÉE, 63

Août 1869.

La Nouvelle Campagne Théâtrale

1869 — 1870

AU PUBLIC BOULONNAIS

Monsieur le Public,

Je vous offre quelques réflexions sur le
Théâtre, que je viens de résumer pour
vous être présentées.

Daignez les bien accueillir, vous me ferez
plaisir.

Votre Serviteur,

Ch. Ternisien.

Après une dédicace comme celle-là, on ne
peut faire autrement que me lire, aussi, pour
qu'on n'ait pas à le regretter j'écarte tout préli-
minaire ennuyeux pour aborder de suite mon
sujet.

Depuis un mois, nous avons vu des représentations bien différentes, les unes assez bonnes,
les autres passables ou très-mauvaises.

A quoi ont tenu ces inégalités?

Essentiellement à la composition de la troupe.

Son premier et grand défaut était dans sa formation presqu'exclusive de débutants. Quand le tableau ne nous l'aurait pas d'avance signalé, il nous était bien facile de le voir dans le désarroi complet qui suivit les premières manifestations hostiles. Les pauvres gens ne savaient plus où ils en étaient. Seul M. Godelaghi avait de l'aplomb, il le poussa même jusqu'à faire du capitaine Roland un vrai scaramouche.

On comprend facilement la désertion qui suivit la première représentation et les résiliations imposées à la direction.

Cependant, il y eut quelques pièces qui eurent presque du succès. Elles permirent de rendre une justice tardive mais peu utile à M. Strackman et à faire mieux apprécier Mlle Duroy (première chanteuse), Mlle Courtade (dugazon), et M. Gheylens (baryton).

N'importe, il fut décidé qu'on ferait place nette et l'affiche nous annonça des renvois successifs en même temps que les engagements qui devaient y suppléer.

Doit-on attribuer ces renvois aux artistes mêmes? Il n'y a pas lieu de le supposer pour quelques-uns, du moins.

Ce qui leur a valu cette sévérité, c'est le mauvais jour dans lequel la direction les a placés, en livrant trop à eux-mêmes des jeunes gens qui ne pouvaient pas improviser l'expérience, et en les entourant d'un cadre de chœurs tout à fait insuffisant et d'une mise en scène misérable.

Tout cela réuni a fait de la réouverture de cette année la plus triste que nous ayons eue depuis dix ans.

En en cherchant la cause, nous arrivons à M. de Tholozé, le directeur qui nous a été octroyé cette année.

Il a certainement été mal renseigné sur l'importance de Boulogne. A cet égard, pour être dans le vrai, voici ce qu'on aurait dû lui dire.

Boulogne est moins important par sa population que par sa situation.

En effet, c'est une des belles stations de bains de l'Europe, en même temps qu'une ville de passage et une résidence adoptée par près de quinze mille étrangers, qui n'y viennent chercher que plaisirs et distractions de toutes sortes. C'est encore avec cela un centre industriel et commercial.

Tous ces éléments combinés lui créent des besoins à part qu'il serait folie de ne pas chercher à satisfaire, notamment quand il s'agit de ses plaisirs.

Or, le théâtre n'est-il pas le premier et celui qui doit particulièrement fixer l'attention de l'entrepreneur qui en sollicite la direction ?

Ne doit-il pas comprendre que les instincts d'une population ainsi composée sont presque essentiellement artistiques, et par là très-dé-

licats, et que ce n'est qu'avec des soins inces-
sants qu'on peut arriver à les contenter?

Nous ne voulons pas dire par là qu'il faille
faire des sacrifices dont on ne pourrait être payé,
non, mais réunir un ensemble d'artistes que nous
nous autorisons à appeler moyenneurs, de ces
artistes qui arrivent à produire les ouvrages sans
les défigurer par leurs hésitations ou leurs inca-
pacités trop évidentes.

Comme il s'en trouve beaucoup, parmi ceux
qui courent la province, la chose n'est pas impossible.

Si, maintenant on les entoure des accessoires
indispensables à la représentation limitée du répertoire lyrique, on arrive à réaliser ce que nous
demandons à juste titre pour Boulogne, c'est-à-
dire des représentations dont l'œil ni l'oreille ne
soient pas trop violemment choqués.

Ce n'est justement pas ce qui est arrivé avec
M. de Tholozé, dont les petites habitudes éco-
nomiques feraient peut-être mieux l'affaire de
certaines villes du centre que la nôtre.

En matière artistique, il faut savoir oser, c'est
ce qu'il ne nous a pas semblé vouloir d'abord
comprendre en venant ici.

Sans doute il s'est ravisé.

Tant mieux alors pour tous, car il trouvera
la raison de ses sacrifices dans l'empressement
du public qui lui a jusqu'à présent fait défaut.

Il lui sera prouvé, qu'à Boulogne, malgré les

aspirations que je viens de signaler, on est indulgent et peu brutal par conséquent.

Ce qui crée cette disposition, c'est la connaissance approfondie du répertoire, qui résulte de la fréquence des représentations qui sont données ici chaque année, pendant dix mois consécutifs, depuis plus de quarante ans, par une double troupe sédentaire d'opéra et de comédie.

Boulogne est, même à l'heure qu'il est, la seule ville de province qui jouisse de cet avantage.

Naturellement, c'est ce qui a fait l'éducation de son public et l'a amené à se soucier peu des grands cris et du flaflas que trop souvent on étale à grands renforts pour dissimuler les faiblesses de l'exécution.

M. de Tholozé peut d'après cela s'expliquer l'effet produit par les éléments trop disparates de sa troupe, en n'accusant que lui et non notre manque de goût pour le théâtre, car il faut qu'il soit grand pour avoir soutenu aussi longtemps sans grande subvention un personnel considérable et chèrement payé.

A cet égard, nous ne disconvenons cependant pas qu'il est difficile à un directeur de tenir dix mois avec les charges écrasantes que créent deux troupes lyriques et dramatiques. Nous le prouverons du reste plus loin.

Mais ce n'est pas impossible, avec les ressources actuelles.

MM. Sandre, Jesset et Clément n'y ont-ils pas

tenu pendant quatre ans avec une subvention de douze mille francs, qui est maintenant portée à dix-huit; et ce dernier, sans une combinaison qui nécessitait des déplacements impossibles, n'y serait-il pas encore?

Faust, Lara, le Prophète, l'Africaine, etc., etc., ne lui ont-ils pas valu le concours assidu du public, qui ne l'aurait pas abandonné, si lui-même, anticipant sur l'avenir, en rêvant trop vite une destinée plus brillante, n'était allé chercher la ruine aux endroits mêmes où il avait rencontré le succès.

Aussi, nous le répétons, la campagne de dix mois n'est pas impossible, et plus, nous croyons ne pas trop hasarder en affirmant qu'elle peut être fructueuse si on double la troupe d'opéra-comique des quelques sujets indispensables à la représentation convenable du grand opéra pendant l'été.

Alors, les étrangers, séduits par une affiche leur offrant un spectacle qu'ils rencontrent rarement dans leurs périgrinations balnéaires vont au théâtre.

Il devient après cela évident que l'effet d'une bonne représentation les y reconduit de nouveau et procure au directeur le bénéfice de ses travaux.

Du même coup la subvention se légitime, puisqu'elle réussit à faire du théâtre un élément de prospérité pour la ville.

A ce propos, il est une chose qu'en passant on pourrait signaler à l'administration municipale.

Croit-elle qu'en ordonnant l'ouverture du théâtre en juin et sa fermeture en avril elle ne contrarie pas ses intérêts.

Il nous semble un peu que oui et qu'il serait préférable d'ouvrir dans la deuxième quinzaine de juillet et de fermer par conséquent vers la fin de mai, car c'est justement à ce moment que les belles soirées invitent à d'autres plaisirs.

La curiosité pousse bien à assister aux représentations de débuts, mais, dès qu'on a fait une première connaissance avec les artistes on reprend la clé des champs et le théâtre se trouve désert en attendant les étrangers, ce qui n'arriverait pas si on l'ouvrait au moment de leur arrivée.

Quant à la fermeture, nous avons cru voir dans l'empressement qu'on met à saluer les dernières représentations, alors que le répertoire est varié et bien assis, l'assurance d'un mois de mai fructueux. Nous n'avons jamais du reste trouvé un directeur ou quelqu'un touchant de près au théâtre qui ne fût de notre avis.

Une dernière preuve encore, c'est que partout on ferme environ un mois après Boulogne. Nous nous rappelons même avoir souvent vu des artistes venir ici débuter en juin presqu'immédiatement après la clôture de leur saison d'hiver.

Ce ne sont là que de simples réflexions sur lesquelles nous glissons en laissant à des gens plus autorisés le soin de les résoudre. Il n'entre pas dans notre programme de faire croire à une importance que nous aimons à laisser à ceux dont les connaissances justifient l'autorité.

Malgré cela, puisque nous sommes un peu en voie de réclamation, nous marquerons en passant la surprise que nous cause la suppression des débuts.

Rien n'est à notre avis plus contraire aux usages reçus de tous temps dans tous les théâtres, et cette suppression nous paraît une usurpation tout-à-fait illégale.

Est-ce le public qui paie ? Oui, deux fois, par la subvention et le prix de sa place. A qui appartient alors, si ce n'est à lui, le droit de dire : « Voilà ce qui me convient ou ne me convient pas. »

Il n'est pas plus raisonnable de nous enlever ce droit que le plus élémentaire de ceux que nous exerçons tous les jours.

Heureusement ce sont là des mesures qui ne peuvent avoir de durée. Elles sont dictées sans doute par une prudence qui s'effarouche à tort.

Oui, à tort, car il ne faut pas, sous le prétexte de bruit, au début d'une année, venir prendre pour des séditieux, des gens du reste très calmes qui, après avoir manifesté un peu bruyamment au théâtre, seraient disposés à continuer leurs manifestations dans la rue.

A-t-on jamais songé à supprimer les débuts dans le Midi où pourtant ils ont été souvent la cause de troubles sérieux ? Non, puisqu'ils existent toujours.

C'est donc qu'on en a reconnu l'utilité.

Puis, du reste, a-t-on à redouter chose pareille à Boulogne. Il est facile de voir que nous sommes assez brebis pour ne pas craindre de nous voir devenir loups de sitôt.

Alors, laissez-nous les débuts, autrement il s'en pourrait suivre des contre-temps tels que l'affaire de la dame Massy, l'année dernière, qui a été bien plus orageuse que n'importe quelle soirée consacrée à la réception ou au renvoi annoncé d'un artiste.

Franchement nous nous étonnons que dans ce cas on n'ait pas usé du moyen infaillible, la police, *de ces paisibles agents*.......... C'est fâcheux, car échelonnés dans le parterre, aux jours périlleux, ils lui donnent l'aspect riant d'une prairie émaillée de pissenlits.

C'est très-amusant, d'avoir ces messieurs à côté de soi. A Paris, on les laisse à la porte, mais ici, point : on leur paie le spectacle.

Comme en continuant ainsi on pourrait nous prendre pour un séditieux, et qu'il n'en est rien, nous revenons à des idées plus calmes.

En traitant peut-être cavalièrement cette question des débuts, nous avons voulu ne pas dissimuler le mauvais effet de leur suppression. Mais,

comme à tous on doit la justice, il faut croire que
l'administration ne demande pas mieux de les
laisser et que c'est après avoir eu la main forcée
qu'elle a cédé.

Il se peut très-bien que les directeurs souvent
en petit nombre, qui sollicitent l'affaire assez
peu brillante de Boulogne, en fassent une con-
dition d'acceptation du cahier des charges. Nous
savons que M. Josset, qui semblait ici seul ap-
pelé à sauver la situation après le désastre de
M. Clément, a été le premier à l'obtenir.

Alors, comme je l'ai dit, l'administration pres-
sée a cédé et n'a pas craint d'encourir le blâme
que lui vaut ce retrait pour en éviter un plus
grand, en laissant le théâtre fermé ou seulement
ouvert à la comédie ou au drame. C'est du reste
à ce moment qu'est venue l'augmentation de subvention, d'où l'on peut conclure que la situation
était tendue et que notre supposition a quelque
raison.

N'importe, nous devions réclamer et nous l'a-
vons fait, persuadé que personne ne peut songer
à nous en blâmer.

Plus haut, nous parlions du parterre, à propos
des agents qu'on y envoie pour tempérer les mou-
vements de ses habitués, mais pressé par notre
sujet nous n'avons pas fait remarquer le mauvais
effet de leur présence qui semble en faire un
champ de sédition.

Cependant, rien n'est moins vrai.

Toujours le parterre a été le grand justicier du théâtre et jamais on ne s'en est plaint. Pourquoi donc faire continuellement planer la menace du violon sur sa tête.

Oui, le violon est la prérogative du parterre!

Et pourtant, sans lui, y aurait-il triomphe pour les artistes et sécurité pour le public. Evidemment non, car de là seul, on peut agir en masse. Ce n'est ni des loges ni des premières places, où l'on est en vue et isolé, que peut partir une manifestation puissante. On n'y ose pas, et pour se faire entendre, on descend au parterre, pour en imposer à la médiocrité et lui faire céder la place au talent.

Un jour, M. Samson, de la Comédie française, nous disait que de sa vie, il n'avait vu rien de plus imposant que le parterre du théâtre de Rouen le jour de son début, à sa sortie du Conservatoire.

Leur silence était éloquent, disait-il. Pas la moindre agression, mais aussi pas la moindre approbation. On m'écoutait et l'on était calme, voilà tout. Cela dura pendant trois représentations. A la quatrième il me firent comprendre que je ne leur avais pas déplu et leur réserve, diminuant avec progrès, ils en vinrent à me faire goûter, avec quelques bravos, plus de plaisir que ne m'en ont procuré tous les bouquets qui m'ont été jetés depuis.

Certes, il y a loin de cet éloge du parterre au

mépris que nous en voyons souvent porter et si
nous en avons parlé, c'est que nous avons à cœur
de ne pas voir le nôtre livré à la police dont le
voisinage chasse de respectables habitués qui se
privent d'aller à cette place qu'ils affectionnent,
plutôt que de s'exposer à y coudoyer l'uniforme.

Enfin, nous ne disconvenons pas que notre
désir serait de voir le parterre tout-à-fait bien
fréquenté et son attitude un signal auquel les artistes ne pourraient désormais se tromper.

Pour y arriver complètement, j'avoue que
nous avons quelques progrès à faire. Ainsi, par
exemple, défions-nous de ces trop brusques mou-
vements qui signalent chez nous l'arrivée des
chanteurs, en nous portant à trop tôt siffler ou
applaudir.

Soyons calmes et quand nous verrons des voi-
sins indiscrets, trop empressés de prouver leur
zèle aux nouveaux venus, contraignons-les de
respecter notre silence. Puis, quand la rancune
ou le caprice portera l'un de nous à un acte mé-
chant ou contraire à l'assentiment général, for-
çons-le à se taire en le désignant au blâme que
lui aura valu sa conduite.

Avec cela encore, il faut être indulgent car
les difficultés d'exploitation d'un théâtre deviennent chaque année plus grandes, sans qu'on soit
décidé à faire des sacrifices qui ne seraient pourtant que légitimes.

Par exemple, les artistes ont amené par des

exigences successives, leurs traitements à un
bon tiers en plus de ce qu'ils étaient il y a seulement vingt ans.

Les droits d'auteurs sont presque triplés depuis la même époque et maintenant, chose contraire à tout ce qui s'était jusqu'ici pratiqué, les
éditeurs n'achètent plus seulement aux auteurs
le droit de propriété simple, pour la vente de
leurs ouvrages, ils achètent aussi le droit de représentation, de sorte qu'aujourd'hui, il faut
payer aux éditeurs un droit moyen de 300 francs
pour Boulogne, par chàque opéra-comique nouveau qu'on veut y monter et de 500 francs par
grand opéra, sans bien entendu que la société
des auteurs néglige de percevoir ses droits sur
la représentation. La partition n'est alors que
louée au directeur; c'est ainsi qu'ont été ici re-
présentés *Faust*, *Rigoletto*, *le Voyage en Chine*,
l'Africaine, etc., etc.

Bien des raisons s'offrent à nous encore pour
prouver que les temps deviennent chaque jour
plus difficiles dans l'exploitation d'un théâtre
comme le nôtre, mais nous les bornons aux
quelques-unes que nous venons d'annoncer.

Elles suffisent du reste pour prouver que ce
n'est que par une constante assiduité aux représentations qu'on nous offre que le droit d'être
exigent nous sera acquis et que nous pourrons
maintenir le niveau artistique qu'a toujours eu le
théâtre de Boulogne.

C'est là notre plus cher désir et si ces quelques lignes sont susceptibles d'y aider, en appelant sur ce sérieux objet toute l'attention qu'il mérite, nous nous estimerons heureux de les avoir publiées.

CHARLES TERNISIEN.

12 Août 1869.

Boulogne — Typ. et Lith. MAGNIER, 63, rue Neuve-Chaussée (1147)

www.ingramcontent.com/pod-product-compliance
Lightning Source LLC
Chambersburg PA
CBHW050407210326
41520CB00020B/6490